www.ingramcontent.com/pod-product-compliance
Lightning Source LLC
Chambersburg PA
CBHW080230180526
45158CB00008BA/2339
9781073710492